LES VICTIMES

Du Coup d'Etat du 2 Décembre

HISTOIRE

DE LA DÉPORTATION A CAYENNE

RACONTÉE

PAR LE DÉPORTÉ

BARTHÉS FRANÇOIS

DE LABASTIDE-ROUAIROUX

CASTRES. — Imp. F. MONSARRAT.

PROLOGUE

Depuis 1830, le peuple français goûtait d'une certaine liberté, sous le gouvernement de Louis-Philippe, quand, tout à coup, il se vit enchaîné par ce même gouvernement et courbé sous le joug de l'asservissement.

Lorsque le peuple vit que ses droits étaient méconnus, ses libertés violées, ne pouvant supporter plus longtemps un pareil esclavage, semblable à celui qui lui avait été imposé depuis la Révolution jusqu'en 1830 ; le peuple, dis-je, renversa en 1848 dans les journées des 26, 27 et 28 février le gouvernement monarchique, et en établit un provisoire qui proclama la République. Nous avions enfin retrouvé cette bonne mère qui avait été éloignée du sol de notre belle France depuis un demi-siècle.

La République fut proclamée avec toute la pompe et tout l'éclat qui lui étaient dûs et nous l'accueillîmes avec joie et enthousiasme. Le suffrage universel fut alors proclamé.

Nous commençâmes dès lors à user de nos droits et à montrer notre souveraineté.

Malheureusement, une erreur des plus regrettables fut commise dans les élections qui eurent lieu pour nommer nos représentants. Un homme, vil esclave, traître infâme, abominable parjure, fut élu représentant du peuple. Cet homme, Bonaparte, rongé par le vice, aveuglé par l'ambition, enivré par la fausse gloire de son oncle, ce Corse enfin, entra au sein de l'Assemblée des représentants du peuple pour le malheur de la France.

On nomma un Président de la République, et ce fut Bonaparte qui fut élu.

Lorsqu'en 1851 la Présidence touchait à sa fin, de Persigny, alors ministre, en homme pervers qu'il était, voyant que la France avait reconnu son erreur, et que ce Bonaparte, ce Président de la République Française, était allé détruire la République Romaine, ce qui fut une atroce infamie; de Persigny, dis-je, usa de son influence auprès de Bonaparte, à qui nos représentants avaient voté un décret déclarant que l'armée devait lui obéir, se prévalut de ses pouvoirs et dans la nuit du 1er Décembre 1851 commit l'infamie la plus monstrueuse : il fit arrêter dans leur lit tous ceux qu'il connut pour être républicains dans nos représentants et se fit ensuite donner la Présidence pour dix ans.

Sa férocité ne s'arrêta pas là, il voulut se rassasier du sang français ; il décréta la dissolution des Chambres, lui qui en 1848 avait juré devant Dieu et devant les hommes, à la face de l'Univers entier, avait juré fidélité à la Constitution. Il passa outre, nia son serment et viola la Constitution ; et cela pour commettre des crimes affreux que ma plume se refuse d'énumérer ; et toutefois, malgré toute mon horreur, je ne puis m'empêcher de les décrire.

Il commença par faire arrêter dans Paris tous les citoyens républicains, les fit jeter en prison et brutalement charger de chaînes.

Sous les verrous de cette barbare inquisition d'un nouveau genre, il fit assassiner misérablement, sans défense, sans jugement, crime horrible ! des citoyens dont le seul reproche était d'être républicains.

Son front est taché de ce sang vertueux qui a rejailli jusque sur son trône.

Après cela il fit déclarer les principales villes en état de siége et traqua les républicains de province comme des bêtes fauves.

Nous fûmes obligés de nous retirer dans les bois, comme des loups, pour laisser le champ libre au despote sanguinaire, qui se reput de notre sang répandu à flots, pour la défense de cette liberté qui nous est et nous sera toujours si chère.

Après de longues souffrances causées par les tigres armés de baïonnettes, nous ne pûmes éviter de tomber sous leurs griffes.

C'est cet évènement, qui ne doit pas passer sous silence, que j'ai entrepris de raconter.

Les citoyens Barthés François et Ambroise Sévola, le premier âgé de 45 ans et le deuxième de 40 ans, natifs de Labastide-Rouaïroux, (Tarn), scieurs de long, étaient à leur travail ordinaire, quand le 27 Décembre 1851, ils se virent entourés par 8 brigades de gendarmerie et une compagnie de soldats, qui avaient été dirigés vers eux par le maire de Labastide, sous les ordres du Sous-Préfet présent à Labastide ce jour-là.

On nous intima l'ordre de nous rendre à la mairie ; là on nous demanda nos noms, prénoms et qualités et on nous interrogea ; après quoi le farouche Sous-Préfet nous fit charger de chaînes comme de vulgaires criminels.

Quels scandales ! 8 brigades et une compagnie pour arrêter deux paisibles citoyens républicains. Oh ! infâme Bonaparte, que de précautions pour réussir dans ton odieuse entreprise !

Après avoir été chargés de chaînes, nous demandâmes à nos crocheteurs, d'avoir la bonté de nous conduire dans notre famille afin de faire nos adieux aux nôtres, que nous allions quitter pour longtemps. Ils n'eurent nulle pitié pour nos femmes et nos enfants éplorés et refusèrent de nous accorder cette consolation.

Ils nous firent alors monter sur une charrette et l'on nous dirigea sur Mazamet.

Partis de Labastide à 6 heures du soir nous fûmes rendus à destination vers les 8 heures et immédiatement jetés dans un noir cachot, sans boire ni manger.

Le lendemain matin on nous fit partir pour Castres toujours dans le même état, sans boire ni manger, et nos conducteurs eurent la cruauté, au nom du gouvernement, de nous faire descendre dans un cachot sans vouloir nous accorder le moindre secours. Sbires ! créatures du despote ! vous fûtes plus barbares que les bêtes les plus féroces des forêts qui entr'elles ne s'entre-tuent point. Pendant trois mois, nous eûmes à souffrir les tortures du cachot, couchés sur un peu de paille que l'eau soulevait ; là, sans lumière, sans air, dévorés par la vermine, souffrant la cruelle vengeance d'une poignée d'assasins, esclaves de Bonaparte, ce Mandrin ignoble, dont le nom seul a souillé la France, notre belle patrie.

On nous interrogea ensuite et l'on voulait que nous avouions que nous confessions, ce qu'ils appelaient notre crime ; mais nous leur répondions par un rire ironique. Je dis aux juges instructeurs que la confession est un abus, un crime social, qu'il faut se hâter de faire disparaître. En effet, quel est cet homme devant lequel vont s'agenouiller les bigots, c'est un serf du Pape, ce chef des brigands noirs, qui ne jurent que par le Pape et les jésuites, race hypocrite et immonde, qui rentrent dans les maisons pour donner de mauvais conseils aux femmes, ou les attirer dans leur boutique à péchés afin de leur faire commettre des crimes qui retombent ensuite sur la famille.

Le 25 Mars 1852, notre départ s'effectua pour aller à Toulouse; un bataillon d'infanterie et une infinité de gendarmes étaient échelonnés sur la route, et nous étions donc trop bien gardés pour penser à nous évader.

Nous ne restâmes que deux jours à Toulouse et l'on nous fit partir par bateau de poste pour Agen. Bien que nous fussions dans la prison flottante, nous étions toujours chargés de chaînes et accompagnés de représentants de la force brutale du boucher des Tuileries.

Le soleil commençait à paraître, quand nous arrivâmes ; et sans pitié nous fûmes jetés en prison où nous rencontrâmes 300 de nos frères, tristes et silencieux. Notre vue les rendit un peu plus contents.

Parmi eux, plusieurs étaient blessés ou avaient leurs habits troués par les armes de la gendarmerie, nos conducteurs odieux, que l'appât de quelques centimes de gratification faisait agir envers nous comme de vrais bourreaux.

Nous restâmes là jusqu'au 11 avril 1852. Quelques jours avant, un ordre arriva pour faire partir les blessés et les paletots percés pour Blaye. L'ordre était arrivé vers minuit, mais à notre grand étonnement, nous les vîmes revenir le lendemain matin, sans pouvoir nous expliquer ce retour si brusque. Il est probable que le télégraphe avait joué et communiqué les ordres infernaux de Bonaparte. Le 11 avril il joua de nouveau, apportant le jugement rendu contre nous par les suppôts du Tribunal inquisiteur. Nous étions condamnés à une mort certaine, à la déportation à Cayenne.

En passant je dois dire quelques faits qui ne laisseront pas d'intéresser le lecteur.

La veille de notre départ, on nous avait laissé sortir, comme de coutume dans la cour où nous nous mîmes à jouer au bouchon pour passer plus doucement les heures de prison. Mais le grand inquisiteur et ses sbires, (le concierge et ses commis) s'en aperçurent et, montrant leurs visages blafards, leur sourire ironique empreint de rage, il nous intimèrent l'ordre de rentrer dans la prison, ou sinon on nous ferait rentrer par force.

Nous leur répondîmes qu'ils ne nous feraient pas rentrer jusqu'à ce que l'heure de l'esclavage eut sonné et nous nous remîmes à jouer passant outre aux blasphêmes et injures de ces suppôts du Président Bonaparte. L'un de nous nommé Chapuy eut le temps d'écrire une lettre et de la faire parvenir au général commandant le département. Celui-ci se rendit subito à la prison et par ses paroles dociles rétablit l'ordre dans les esprits, menaçant le concierge et ses satellites de les punir. Ce qui l'engagea surtout à les réprimander, c'est la vue du pain qu'on nous donnait, je crois bien que les chiens n'en auraient pas voulu.

Le 11 avril, quand le jour commença à poindre à l'horizon, huit d'entre nous furent choisis, pour le départ ; on nous embarqua sur le bateau de poste à vapeur, avec recommandation à nos gardiens de tirer sur nous au moindre signe de rébellion et là, en notre présence, on leur fit charger les fusils. Ces valets de l'assassin Bonaparte devaient nous accompagner jusqu'à Bordeaux ; et lorsqu'ils eurent chargé leurs armes, nous leur dîmes qu'ils étaient trop lâches pour nous assassiner et que quoique nous ne fussions que huit nous leur montrerions nos cœurs républicains. Ils n'osèrent point répondre à cette provocation. Le bateau se mit en marche et nous arrivâmes vers les 4 heures du soir à Bordeaux, où soit que les prisons fussent pleines, où soit que la vue des prisonniers dût exciter une révolte, on nous fit coucher sur le bateau et puis le lendemain conduire à Blaye. La traversée s'effectua dans quelques heures.

Notre bateau étant entré dans le port, presque toute la garnison fut sur pied pour venir nous prendre et nous conduire en prison. Les salles dans lesquelles nous fûmes logés étaient tout bonnement des casemates très humides, et où le jour n'arrivait que par une lucarne située à la voûte. De plus, lorsqu'il pleuvait, la pluie nous tombait sur le dos. C'est dans cette position que nous dûmes passer 33 jours, sous la surveillance du colonel commandant la place, un monstre qui ne voulait que personne ne vint nous voir ; il ne voulait pas non plus qu'avec notre argent on nous portât des vivres. Le concierge seul nous faisait passer quelques petites choses, nous les faisant payer le double de leur valeur, car il ne faut pas ignorer que ces sortes de gens ont les doigts crochus comme les hiboux.

Le 3 Mai on nous avertit de nous tenir prêts à partir immédiatement ; nos apprêts furent vite faits, car les prisonniers d'Etat ont bientôt fait leurs malles. Les valets brutaux du Bandit Président ne tardèrent pas à venir nous prendre, au nombre de 17, après nous avoir chargés de chaînes, on nous conduisit dans une chaloupe qui nous embarqua ensuite sur la frégate à vapeur le *Mogador*.

Lorsque les gens de Blaye nous virent sortir de prison, ils se récrièrent et se lamentèrent sur notre sort, demandant avec chaleur quels crimes pouvions-nous avoir commis pour être traités de la sorte.

Arrivés au *Mogador* nous nous trouvâmes mêlés à d'autres condamnés politiques et tous au nombre de 180. On fit voile vers Brest où nous fûmes rendus au bout de deux jours ; c'est là que nous étions destinés pour le moment.

Là, le brave capitaine du *Mogador* imposa silence aux féroces gendarmes qui voulaient continuer de nous malmener. Ces hommes, leur dit il, sont sous mes ordres et vous aussi, je ferai à ma guise et vous n'avez rien à dire. Nous entrâmes dans la rade et nous fûmes transbordés dans le *Duguesclin* où nous restâmes 24 heures, de là on nous fit passer sur la frégate l'*Erigone* qui devait partir pour Cayenne, ce qui eût lieu une quinzaine de jours après.

C'est le 29 mai à 7 heures du matin que nous partîmes, quittant le sol de la patrie pour ne plus le revoir peut-être !

On nous fit remorquer par un navire à vapeur pour gagner la pleine mer et le golfe de Gascogne redouté par les navigateurs. Le lendemain nous continuâmes notre voyage pour le Nouveau-Monde ; la nuit était calme, le temps serein ; mais le vent manquait, ce qui fut cause que nous commençâmes notre départ fort lentement. Nous voguions tout doucement sur ces flots, tantôt arrogants et tantôt dociles où les ondes ressemblaient à de grandes masses de granit ou de porphyre.

Le 3 juin, nous aperçumes l'île de Assou et le temps était toujours magnifique ; le 5 mai nous passâmes devant l'île de Malaga ; le 7 à

10 heures du matin nous vîmes l'île de Madère que nous laissâmes sur notre gauche. Cette île est située au milieu de l'Océan et les énormes rochers qui l'entourent élèvent leur tête orgueilleusement au dessus des nues si bien que nous ne pouvions les apercevoir, notre marche favorisée par un beau temps était très rapide. Le 9, nous aperçumes l'île Dieu et dans la nuit du 9 au 10 nous passâmes Belle-Ile.

Le 12 nous arrivâmes sous le tropique où nous crûmes être rôtis comme des pigeonneaux ; heureusement que les vents alizés nous prirent en poupe et dans 44 heures nous l'eûmes franchi. Les matelots disaient qu'ils n'avaient jamais passé la ligne tropicale si rapidement. Le 14 l'horizon s'assombrit, la mer devint houleuse, de sorte que l'eau rentrait par les sabords et nous avions par moments de l'eau jusqu'à mi-jambe. Nous restâmes toute la nuit, ainsi dans l'eau, craignant toujours que des ordres n'eussent été donnés pour nous submerger.

Après ce que nous avions subi de souffrances, nous avions droit de tout craindre des assassins qui nous tenaient. Les fortes chaleurs durèrent, mais le lendemain la mer devint plus calme ; nous apercevions de temps à autre de grosses masses de poissons qui étaient sur notre passage.

Le 21 on nous laissa monter sur le pont pour respirer un peu l'air, quand tout à coup nous vîmes 4 poissons d'une grosseur énorme et d'une longueur d'au moins 5 mètres. Ils lançaient de temps en temps l'eau au dessus des flots à une grande hauteur par une espèce de soupape appelée trompe ; ce poisson est le souffleur, qui suit ordinairement les navires qui passent dans ces parages. A l'entrée de la nuit, il se mit à pleuvoir et nous nous empressâmes aussitôt d'arranger nos gamelles pour recevoir l'eau qui s'égoûtait des bords du navire afin de pouvoir se désaltérer, car nous avions une soif ardente.

Ce jour-là le vent était toujours calme, mais le 23 il se mit à souffler avec violence et nous allâmes bon train. Le 25 nous étions en face des côtes du Xuchuca, nous mouillâmes en pleine mer, mais la profondeur étant si grande l'ancre et la chaine se détachèrent et le tout fut perdu, environ 2500 fr.

Le 26 au soir nous aperçumes une grande quantité d'iles et dès lors nous jugeâmes que nous étions dans la région de la Guyane. Le 2 juillet on jeta de nouveau l'ancre et nous passâmes la nuit au mouillage ; le lendemain lorsque le soleil se montra nous levâmes l'ancre nous dirigeant vers Cayenne ; à 4 heures du soir nous passâmes près de deux rochers situés près de la côte, puis nous descendîmes un peu plus bas et on jeta de nouveau l'ancre, nous mouillâmes vis-à-vis l'île de Mère que nous baptisâmes rocher de Saint-Hélène.

Cette ile est située à 4 lieues de Cayenne.

Le lendemain matin nous vimes venir une chaloupe montée par des mulâtres et un pilote français ; ce dernier monta à bord, parlementa avec le commandant et après quelques explications, on leva l'ancre, hissa les voiles, et la frégate prit la direction de Cayenne. Après avoir dépassé cette ville, d'environ 8 lieues, aux environs de l'île du Salut, il était 4 heures du soir, l'on tira le canon et peu de temps après nous vîmes venir à nous deux autres frégates. Sur l'une d'elles était le gouverneur qui monta à bord de notre vaisseau-prison où le commandant le reçut. Le gouverneur nous dit que nous devions rester deux jours en station et puis qu'on nous débarquerait à l'île de la Mère, pour nous habituer au climat brûlant de ce pays et qu'ensuite on nous conduirait à Cayenne.

On débarqua les forçats qui étaient dans le même navire que nous mais séparés, et on débarqua aussi 3000 quintaux de chaînes pour lier et garotter ces malheureux. En les faisant partir de Toulon, Brest et autres bagnes, on leur avait promis qu'ils seraient libres à Cayenne et que leur mission serait de nous garder. Cruelle insulte à leur malheur et odieuse injure à notre destinée. Le brigand de Décembre faire garder d'honnêtes citoyens par des forçats ; ah ! maudit Corse !

Nos deux jours de station furent prolongés jusqu'au huit et ce n'est qu'au bout de ce temps que le vapeur *Estrict* arriva pour nous transporter à l'île de la Mère. Nous naviguâmes toute la nuit dans les environs de l'île de Cayenne et le lendemain nous arrivâmes en face notre destination ; c'était le 8 juillet. Vers les 9 heures du matin les chaloupes arrivèrent pour nous transporter à terre. Il était temps, depuis deux mois que nous étions partis de Brest nous n'avions mis pied à terre nulle part. Nous fûmes donc contents d'être arrivés bien que sur la terre de l'exil. On nous fit descendre 30 par 30 et l'on nous colloqua dans des barraques en planches construites exprès pour nous recevoir.

Nous nous reposâmes deux jours environ, et nous en avions bien besoin, car gênés comme nous l'étions dans la prison flottante, le roulis des vagues, la mauvaise nourriture et le manque de boissons, en un mot toutes les souffrances que nous avions eues à supporter pendant la traversée nous avaient énormément fatigués. Le 10 nous nous promenâmes dans l'île ; mais le soir en rentrant dans nos cahutes en bois nous nous sentîmes pris par la maladie du pays.

Cette maladie commence par des grands maux de ventre et continue par des coliques affreuses et le malade mal soigné est certain de ne pas s'en sortir. Grâce aux bons soins de notre médecin nous n'eûmes à déplorer la perte d'aucun de nous. Au bout de quelques jours, nous étions rétablis et presque acclimatés au pays. Quelques jours s'écoulèrent sans incidents sérieux. Un beau matin cependant M. Soldaguierra, gouverneur de Cayenne et des îles adjacentes, vint nous visiter et voir de quelle manière nous étions traités. Il nous dit que son voyage avait pour but de voir par lui-même si nous avions des plaintes à porter contre nos gardiens et pour nous consoler. Nous lui répondîmes que nous n'avions point à nous plaindre de ceux qui nous gardaient : mais que nous étions bien éloignés de notre patrie, de notre village, de nos parents, épouses, enfants et que c'était bien pénible, n'ayant rien fait, de recevoir tant de mal. Il nous consola paternellement nous disant que les portes du sol natal ne nous étaient point fermées à jamais, qu'il fallait espérer qu'un jour, qui serait peut-être plus proche que nous n'en avions l'espoir, nous pourrions être rapatriés et revoir ceux qui nous sont chers. Enfin il nous fit distribuer, à tous ceux qui voulions travailler, des graines et des outils, nous disant que le produit de notre travail nous appartiendrait en propre.

Nous nous occupâmes donc à faire de petits enclos, où nous ensemençâmes nos graines, qni se composaient d'endives, de choux, pommes d'amour, haricots, aubergines, potirons, etc.

Monsieur le gouverneur nous laissa M. Degourp, natif de Marmande pour nous commander, en nous disant de lui obéir comme à lui-même. Nous devions, de plus, lui faire toutes les réclamations que nous aurions à faire et qu'il les transmettrait de suite à qui de droit.

Ce Monsieur Degourp était un brave homme ; il s'efforçait autant qu'il le pouvait d'adoucir le joug de la proscription. Il nous interrogeait les uns après les autres et nous faisait raconter nos antécédents et notre vie privée. Il nous plaignait dans notre malheur et nous disait : soyez sages, je suis bien disposé à votre égard et ferai tout ce qui pourra dépendre de moi pour vous être agréable.

Le 12 juillet un ordre arriva de faire partir trois d'entre nous pour Cayenne. Cette nouvelle nous remplit de joie croyant que nous serions aussi appelés ; mais il n'en fut rien. Ce même jour, nous reçumes la visite de deux jeunes demoiselles du pays, l'une créole âgée de 17 ans et l'autre mulâtre âgée de 22 ans.

C'était les deux premières femmes que nous voyions depuis notre départ, et soit excitation de la nature et de l'instinct, soit qu'elles le fussent réellement, nous les trouvâmes belles et gentilles, gracieuses dans leurs costumes à l'orientale. Elles étaient sans chaussures, avec une sorte de linge en indienne vermeille autour de leur corps, pour cacher leur nudité et un simple mouchoir autour de leur tête en forme de turban. Elles parlaient assez bien le français et c'est par curiosité qu'elles vinrent nous visiter dans notre île. Elles venaient de Cayenne sur une goëlette et se rendaient à l'île Eyaprech voir leurs parents. Elles restèrent deux jours parmi nous.

Tout fut assez calme jusqu'au 7 septembre jour ou 12 d'entre nous s'évadèrent de l'île de la Mère où nous étions toujours. Voici leurs noms :

1	RIBOULET	instituteur	
2	BILLARD	boulanger	de l'Allier.
3	CHAL	charron	de l'Ardèche.
4	TOURNAIRE	maçon	de l'Ardèche.
5	BEALLÉ	jardinier	de la Vaucluse.
6	ESSÉRY	cultivateur	de l'Ardèche,
7	MIALHE	cultivateur	de la Vaucluse.
8	BRULAT	horloger	des Basses-Alpes.
9	BARTHÉLÉMY	boulanger	l'Ardèche.
10	CADENEL	fournier	Bouches-du-Rhône.
11	LEMAITRE	fondeur	Cher.
12	RUSSE	cuisinier	de la Seine (Paris).

Cette évasion eut lieu à 11 heures du soir. Ils saisirent le moment

où une chaloupe de pilote venait d'arriver de Cayenne, portant un
curé et quelques provisions lui appartenant, telles que pommes de
terre, vin, eau-de-vie, eau et ses effets. Ils s'emparèrent donc de cette
chaloupe et d'une autre qui y était attachée, et de la longue vue dont
on se servait pour découvrir les bâtiments en mer. Le 29 nous
apprîmes qu'ils étaient arrivés à Surinan dans la Guyane Hollandaise
et qu'ils étaient très tranquilles dans leur nouvelle résidence.

Cette évasion fut cause qu'on nous changea de gardiens.

Au mois de novembre suivant, l'un de nous autres, le nommé
Payan mourut On nous permit de l'accompagner à sa dernière
demeure et le nommé Clavel, tailleur de Lyon, prononça sur la tombe
du défunt, le petit discours suivant :

CITOYENS,

« Aujourd'hui 12 novembre nous venons accompagner les restes
mortels de notre frère, de notre compagnon d'infortune. Je ne vous
parlerai pas de sa vie privée, je ne la connais pas. Tout ce que je
puis vous dire, c'est qu'il a partagé avec nous les ennuis de l'exil.
C'est son amour pour la famille et le droit qui l'a conduit au tombeau.
Nous, que l'on accuse de vouloir détruire la société, infâmes délateurs
et calomniateurs, que n'êtes-vous ici pour m'entendre. Vous dites
que nous voulons détruire la religion, lorsque nous pratiquons les
maximes de l'Evangile. Nous ne combattons que les préjugés du
monde et l'injustice de nos maîtres. Si la Guyane est notre Calvaire,
comme le Christ nous porterons la croix et nous pardonnerons à nos
ennemis comme il a pardonné à ses bourreaux Nos ennemis, ce sont
ceux qui oppriment les prolétaires et les travaillleurs.

« Quand on est bon père, bon fils, bon époux, et bon citoyen, sans
faiblesse et sans crainte on se moque des oppresseurs.

» Que le faible hommage que nous rendons tous en chœur au
citoyen Payan soit une douce consolation pour sa chère épouse.

» Frère repose en paix sur la terre étrangère et au revoir. »

Bientôt après cet événement, il en succéda d'autres bien plus
désagréables. Notre bon gouverneur, Soldaguierra, nous fut enlevé
par ordre du despote, qui gouvernait en maître. Le bon M. Degourp
fut également changé. Si l'on demande pourquoi c'est facile de
répondre : c'est parce qu'ils étaient trop honnêtes pour exécuter
les ordres barbares qui arrivaient du palais des Boucheries
(Tuileries).

Le nouveau gouverneur, homme féroce, voulut exécuter les dits
ordres tels qu'il les recevait. Il nous envoya dans l'île de la Mère un
commandant ou directeur qu'il croyait aussi méchant que lui. Mais il
se trompait car notre directeur quoique sa figure, fort sévère et
rébarbative, avait un cœur excellent. Il nous fit appeler dès son
arrivée et nous dit : « Mes braves enfants, j'arrive et je vous

quitterai bientôt, car on m'a donné des ordres trop sévères pour que je puisse les exécuter. Je vous plains, car en effet vous êtes à plaindre, et mon cœur n'est pas assez barbare et inhumain pour vous appliquer les punitions qui me sont indiquées par le gouverneur. Pour user de cette sévérité il me faudrait y être rigoureusement obligé ; je préférerais autrement donner ma démission. D'ailleurs, votre conduite réglera la mienne. J'aime à croire que vous saurez m'obéir comme de bons enfants obéissent à leur père et je saurai à mon tour vous commander comme un bon père à ses enfants.

En effet, tout se passa comme il nous l'avait dit, et durant le peu de temps qu'il demeura au milieu de nous rien ne se manifesta entre nous et lui.

Le gouverneur brutal et notre bon directeur Romau furent bientôt changés.

Voici à quelle occasion : On nous faisait travailler et nous étions payés à 1 fr. par jour tant que nous fûmes gouvernés par Soldaguerria et Degourp. La bête brutale de gouverneur qui vint après ne voulait pas nous payer. Notre directeur Romau nous dit : Travaillez et je vous ferai payer. Il s'en alla pour Cayenne et nous dit en partant, je ne reviens pas, si je n'apporte votre paye. Il rentra, nous paya comme il l'avait promis et se retira chez lui, disant qu'il avait assez de Cayenne.

En mai 1853 nous fûmes horriblement maltraités, les corvées devinrent plus nombreuses ; tantôt pour aller ramasser du bois dans l'île, tantôt pour effectuer les débarquements, et tout cela par de fortes chaleurs qui nous rôtissaient vivants. Nous ne touchions pas d'indemnité et il y avait beaucoup de malades parmi nous.

Les dimanches et les jours de fête nous étions libres, et par surcroît de barbarie, le jour de la Trinité on nous intima l'ordre d'assister à la messe, accompagnés de dégoûtants gendarmes. Aller à la messe, nous ne nous y refusions pas ; mais accompagnés de ces affreux satellites de l'empereur Badinguet c'était trop fort. Mais devant la force il n'y a pas à résister et nous dûmes malgré bon gré, continuer ainsi tous les jours fériés.

Plus tard, on nous enleva l'unique matelas que l'on nous avait donné et il n'y eût que ceux de nos frères qui avaient plus de 50 ans qui purent le garder ; enfin on eut ensuite la cruauté de le leur enlever aussi. Dès lors nous fûmes couchés dans des hamacs à raison de 50 par baraque. De sorte que nous laissâmes ainsi deux de nos habitations libres pour enfermer 99 de nos compagnons d'infortune qui arrivaient à l'île de la Mère, condamnés chacun à 12 années de déportation par les maudits conseils de guerre.

C'était le 7 juillet 1853 qu'ils arrivèrent, et de suite ils prirent la possession de deux maisonnettes que nous avions forcément abandonnées. Ainsi que je l'ai déjà dit nous avions beaucoup de malades, et comme un matin un bon camarade avait préparé une tasse de café pour un malade, nos gardiens l'aperçurent au moment où il l'apportait et comme ils n'avaient rien d'humain, ils le prirent et le conduisirent en prison. Le soir, soit pour ce motif, soit parce qu'on se refusait de nous payer notre travail. il y eut un peu de trouble entre nous et les brigands.

Le commandant de l'île voyant cela eut peur pour ses jours et envoya à Cayenne, prévenir le gouverneur que les déportés politiques de l'île de la Mère s'étaient soulevés. Le flibustier de gouverneur en apprenant cette nouvelle se mit de suite en route pour se rendre dans notre île.

Le lendemain il arriva de grand matin à bord du vapeur le *Styx* avec un détachement de soldats, croyant trouver l'île ensanglantée par le crime. Les Républicains ne sont pas des criminels ; et nous étions rentrés dans un calme parfait. Malgré cela ordre fut donné par ce cruel gouverneur d'embarquer 31 de nos camarades, dont 21 condamnés des conseils de guerre, et 10 par les commissions mixtes, afin d'être dirigés sur Cayenne où ils furent déposés à la Geôle, détenus là jusqu'au 21 août et reconduits ensuite dans l'île de la Mère.

Peu de temps après leur arrivée dans l'île, 12 d'entre eux furent de nouveau accusés de rébellion, passèrent en conseil de guerre ; trois furent condamnés à cinq ans de fers et les autres acquittés. Ce jugement infâme dura trois jours ; les juges ne trouvaient rien qui pût charger les accusés ; mais il fallut quand même condamner, c'est ce qu'ils firent. Les trois pauvres malheureux condamnés furent chargés de fers pesant environ 60 livres et durent ainsi travailler comme les forçats du bagne. Oh race immonde, exécrables vampires, un jour vous serez punis de vos forfaits et vos victimes vengées.

Le 24 août au soir, on nous fit prévenir de nous préparer à partir pour l'île Saint-Joseph, située non loin de l'île de Fabut où se trouvaient les forçats ; on nous dit de ne pas sortir de nos cahutes. Un de nos camarades d'exil voulut malgré cette défense aller dans un petit enclos cueillir des tomates qu'il y avait cultivées. Mais les brigands qui nous gardaient avaient placé des sentinelles, et l'une d'elles tira et manqua le malheureux déporté. Ainsi nous étions obligés d'abandonner notre récolte, le fruit de notre travail, fécondé par nos sueurs.

Le 26 août nous arrivâmes donc dans l'île Saint-Joseph et l'on nous mit en possession des casemates construites à cet effet. On nous enleva le peu de liberté qui nous avait été laissé jusqu'alors, puis on plaça dans chaque baraque deux tableaux où étaient indiquées les peines afflictives et infâmantes, identiques à celles infligées si nous n'obéissions pas à tout ce qui serait commandé. Nous fûmes mis sous la surveillance des garde-chimoures, des gendarmes et des soldats, et cette surveillance fut si rigoureuse que, pendant notre séjour à l'île de la Mère, nous avions élevés des poulets et des petits poussins et nous les avions pris à l'île Saint-Joseph. On nous donna l'ordre de faire disparaître tout cela, avec défense d'allumer du feu pour les faire cuire. De telle sorte ils nous dépouillèrent des vivants et de ceux que nous avions tués et il n'y avait moyen de rien dire Nous avions beau grincer des dents il fallait en passer par là.

Dès ce moment nous fûmes contraints d'empoigner la pioche et d'aller travailler dans l'île comme les forçats, 4 heures le matin, 4 heures le soir, sous ce soleil brûlant, sans même avoir repos lorsqu'il pleuvait ou faisait mauvais temps. Ceux qui ne bêchaient pas transportaient du bois ou des pierres.

Lorsque nous demandions des vêtements et des chaussures, on nous disait : nous n'en avons pas ou bien vous demandez des choses impossibles. L'homme du 2 Décembre savait cependant que nous avions besoin d'être habillés et chaussés, mais il préférait dépenser l'argent du peuple en orgies que de nous envoyer des vêtements et des chaussures. Il est assez difficile de s'en passer dans cette île car les insectes y pullulent, tels que fourmis, scorpions, tarantes, araignées, chiques, etc., qui sont dangereux. Leur morsure ou piqûres peuvent occasionner la mort.

Les tarantes sont surtout mauvaises. Quant aux chiques, ce sont des insectes imperceptibles qui se mettent ordinairement autour des ongles ; si on n'a pas le soin de les arracher au fur et à mesure qu'on sent la démangeaison elles finissent par arriver jusqu'à l'os et alors il faut pratiquer l'amputation du membre attaqué, ou sinon la mort est certaine.

Un médecin se trouvant à l'île de Cayenne et allant faire un voyage à Paris, en emporta, par curiosité, pour l'école de médecine, une dans un pied. Sa curiosité lui coûta cher, car lorsqu'il revint à Cayenne il avait dû laisser une jambe à Paris et encore fort heureux.

Nous travaillions 5 jours de la semaine au travail de la terre, le samedi de bon matin nous étions conduits à la messe comme les petits enfants de l'école, en sortant nous lavions nos baraques et tout le reste de la journée se passait également en travaux de propreté.

Nous blanchissions et réparions nos effets ou plutôt nos haillons ; le dimanche, le sous-lieutenant qui commandait l'île nous passait en revue, comme à des soldats au régiment, nous faisant exécuter des marches et contre-marches. Tous nos chefs s'appliquaient à nous rendre aussi misérables que possible.

On nous enleva le pain 2 jours par semaine et on le remplaça par le quoie, qui se fait avec les racines d'un arbre qui croît dans l'île. On suspend les racines, et l'eau qui en découle est un poison arsénieux. Quand elles sont sèches on les pile et cette farine très grossière, (semblable à du son d'orge) et est pétrie et sert à fabriquer du mauvais pain.

Le peu d'argent que nos parents envoyaient était saisi par tous ces flibustiers et la cantine où nous allions nous procurer quelques provisions nous fût retirée ; on nous força aussi de déposer entre les mains de nos bourreaux l'argent que nous possédions et on alla jusqu'à nous enlever nos malles et nos effets et l'on ne nous les rendit que lorsque la moitié de nous étaient nus ou presque nus. Ceux qui n'en avaient pas furent habillés avec les habits à moitié pourris des galériens morts.

De plus, on nous retranchait toujours quelques vivres, et surtout aux malades, car le médecin qui les visitait, diminuait tous les jours la ration, afin de les tuer plus tôt, car ces malheureux étaient plus malades par le manque d'alimentation convenable que pour tout autre cause. Il y avait un espèce d'apothicaire, mais il ne valait guère mieux que le médecin et possédait peu de remèdes.

A quelques temps de là notre lieutenant La Richerie, nous donna un ordre aussi absurde qu'inouï ; il nous ordonna à tous de couper barbe et moustaches, sous peine d'être punis sévèrement. Ce vandale supposait que nous n'exécuterions pas cet ordre bête ; mais nous voyant que c'était un moyen détourné de nous traquer afin de nous, faire révolter pour nous égorger, nous dîmes entre nous : Contre la force point de résistance, il vaut mieux obéir que de se laisser lâchement assassiner par ces vauriens. Et nous eûmes raison, car La Richerie avait fait venir de l'île de Salut 80 soldats qui devaient nous fusiller comme des chiens au premier signal de désobéissance.

Le dimanche suivant nous étions à la messe et l'inquisiteur impérial à soutane monta en chaire et prononça un sermon. « Savez-vous nous dit-il qui vous a sauvés à l'île de la Mère ? C'est Dieu. Qui vient de vous sauver ici à l'île de Saint-Joseph ? C'est encore Dieu.

« Vous Républicains qui marchez en tête, nous vous tenons, nous verrons qui seront ceux qui riront les derniers, vous ou nous. Le lecteur a pu sair le fiel de cet homme, qui commence ce discours par Dieu et finit par l'excitation à la haine et à la vengeance. Oh hommes noirs, un jour vous devez disparaître de sur notre sphère terrestre, car ministre de Dieu vous ne faites qu'exciter au mal, qu'attiser toutes les passions et semer la discorde dans les familles, les villages, les nations et la société entière.

Le 16 août on placarda une affiche dans l'intérieur de chaque baraque sur laquelle il y avait un ordre du jour : Chaque déporté devra monter la garde à son tour comme les soldats. Un grand nombre s'y refusa, On les emprissonna jusqu'à l'arrivée du gouverneur qui eut lieu le 18. En arrivant, il fit reprendre les travaux à ceux qui avaient refusé et les autres furent mis dans une cahute à part.

Sévola et moi étions occupés à la scierie et nous demandâmes à partir pour Cayenne. Mais le commandant Coste, de l'île ne voulut pas et le motif est bien simple : Avec le bois qu'il nous faisait scier il faisait faire des meubles et avait ainsi un bénéfice net en nous volant le prix de notre travail. Cependant nous sûmes adroitement que l'on avait donné ordre de nous envoyer à Cayenne comme nous l'avions demandé et que cet ordre n'avait pas été exécuté.

Nous fîmes donc une troisième démarche et cette fois l'ordre fut exécuté.

Nous partîmes pour Cayenne, laissant nos compagnons d'exil aux prises avec leurs barbares gardiens A peine venions-nous de quitter l'île Saint-Joseph qu'on fit afficher un autre ordre de punitions, le supplice du poteau.

Oh misérables assassins, serez-vous assez barbares pour infliger des peines si cruelles ? Que voulez-vous aux soutiens de la famille et de la propriété ? Ne tremblez-vous pas en pensant à votre écrasement par le bras vengeur de celui qui punit un jour tous les crimes ?

Oh ? hommes sans pitié, sans humanité, sans cœur, quand cesserez-vous d'être misérables assassins ? Dans le supplice du poteau on attachait les malheureux déportés pendant deux heures à un arbre ou poteau au plus fort de la chaleur, et là ils étaient dévorés par les insectes dont nous avons déjà parlé.

Bien que les gens de Cayenne eussent maintes fois réclamé au gouverneur que nous n'étions pas au lieu voulu, attendu que nous devions tous être à Cayenne et qu'il devait nous y faire transporter.

Ils s'étaient même offerts à habiller, à chausser et à nourrir ceux qui en auraient besoin, puisque le gouvernement ne le faisait pas, malgré maintes réclamations, cet infâme satellite de gentleman des prostituées, du boucher des Tuileries, fit la sourde oreille.

Ce qu'ils exécutaient avec plaisir, c'était de nous placer les poucettes nous serrant jusqu'au sang ou le baillon à nous étouffer. A quoi bon écouter les prières d'une population hospitalière, serviable envers de malheureux proscrits. Mais sachez lecteurs, que ces proscrits étaient des républicains et que les républicains sont des hommes de cœur et les partisans de ces suppots de l'empire, sont tous des lâches et des efféminés incapables de souffrir la millième partie des tortures que leurs congénères firent souffrir aux malheureuses victimes du Coup d'Etat du 2 Décembre.

Arrivés donc à Cayenne nous nous mîmes au travail avec ardeur afin de gagner quelqu'argent pour nous évader dès que nous le pourrions, car nous y pensions aussi bien que les camarades.

Il y avait environ 6 mois que nous étions à Cayenne, nous avions déjà fait quelques connaissances ; entr'autres celle d'un français. Notre compatriote à qui nous communiquâmes notre projet, était un de nos amis politique et nous promit de faire tout ce qu'il pourrait pour nous aider. Il mit donc la main à l'œuvre et nous procura un canot, formé d'un tronc d'arbre en acajou, qui nous coûtait quatre cents francs. Il nous dit tenez-vous prêts à partir dès que l'embarcation sera mise a flot et qu'elle renfermera les provisions nécessaires au voyage.

Notre compatriote était ami avec les gens de la police de l'île, et cela lui facilita sa tâche.

Nous touchâmes donc la somme qui représentait le prix du canot, c'était tout le fruit de notre travail et de nos privations et nous le payâmes à son propriétaire.

Nous quittâmes notre demeure, mon camarade Sévola et moi, puis Rio menuisier, du département de la Côte-d'Or; Danis Bruno, colporteur, de Carpentras et un nègre du pays. Nous étions donc 5 à nous embarquer sur ce faible tronc d'arbre que nous baptisâmes le *Nageur*, mais ni les uns ni les autres nous ne connaissions rien à la navigation.

Toutefois nous n'hésitâmes pas à nous embarquer sur notre petit navire afin de revoir notre chère patrie. Nous nous orientâmes de notre mieux, prenant la direction du couchant et nous basant sur la lune notre seul guide, car nous n'avions ni boussole, ni lunette, ni compas, ni carte, en un mot rien qui pût nous aider à tracer notre route. Nous n'avions pas d'ailleurs besoin de ces instruments ne sachant pas nous en servir, ils eussent été inutiles entre nos mains, aussi étions-nous partis sans en demander à nos généreux bienfaiteurs.

Nous passâmes donc près de l'île du Salut et comme nous avions le vent très faible, nous faisions très peu de chemin. Nous craignîmes beaucoup d'être arrêtés par les gens de l'île, car nous en passâmes fort près et si l'on nous avait aperçus on nous aurait eu vite rejoints.

Par bonheur il n'en fut pas ainsi, et le soir le vent s'étant levé, enfla nos voiles et notre navire fila bon train, laissant au loin cette île maudite, tombeau des malheureuses victimes des bouchers du sieur Badinguet.

Comme on peut le supposer notre *Nageur* était petit et pouvait tout au plus contenir les 5 hommes qui composions l'équipage ; ce fut un grand bonheur pour nous. En effet, à un moment donné nous aperçumes qu'une goëlette nous donnait la chasse ; mais grâce à la légèreté de notre canot qui filait comme le vent nous laissâmes bientôt loin de nous l'oiseau de proie qui nous pourchassait et fûmes sauvés d'une mort presque certaine. La destinée voulait notre salut bon gré mal gré, tous les inconvénients qui surgissaient de toute part.

Le 4 nous étions en pleine mer ; elle était agitée et nous perdîmes notre direction ; le nègre en qui nous avions espoir pour nous guider perdit courage et pendant 10 heures nous voguâmes au gré des vents et des flots, prêts à être engloutis par les vagues en furie. Cependant la tempête se calma, la mer redevint plus docile et nous pûmes nous diriger vers la côte. Mais la bourrasque avait brisé notre gouvernail et inondé nos provisions de bouche. Nous restâmes bien au mouillage pendant 24 heures, mais comme je l'ai dit précédemment les vivres manquaient et le proverbe dit que la faim fait sortir le loup du bois.

Nous essayâmes donc de suppléer de notre mieux au manque de gouvernail et nous réussimes à aborder à terre au lieu appelé Matapiqua dans la Guyane Hollandaise. Il y avait 48 heures que nous n'avions rien mangé. A notre arrivée à terre nous mîmes le *Nageur* sur le flanc, car l'ayant mi-plein d'eau nous craignions qu'il ne fut avarié, mais nous fûmes très heureux quand nous vîmes qu'il était intact et que l'eau qu'il contenait y avait été jetée par les vagues en courroux. Il fallut ensuite réparer le gouvernail et refaire notre provision de vivres. Ce ne fut pas chose commode, car les habitants de la côte étaient des nègres naturels du pays, avec qui il nous était très difficile de nous faire comprendre. Enfin nous leur fîmes voir que nous avions faim. Ils nous apportèrent deux poulets bouillis dans de l'eau avec du sel, des bananes en place de pain, et un quart de litre d'eau de vie. Le tout y compris le gouvernail estimé à 5 francs, nous coûta 40 francs.

Pendant ce temps le bruit de notre arrivée s'étant répandu, un indigène du pays, qui se faisait un peu comprendre en français, arrive sur la côte et nous dit que nous sommes prisonniers. Nous fûmes donc conduits chez le Maire qui nous reçut bien, nous fît boire un peu de vin et nous fît placer dans un appartement en qualité de prisonniers. Malgré cela nous étions libres de sortir quand nous voulions pour nous promener.

Au bout de 8 jours le gouverneur de Surenan ou Paramaribo, la capitale de la Guyane hollandaise, à qui l'on avait écrit, envoya une petite embarcation montée par 8 nègres du pays, qui nous conduisirent chez le gouverneur. Le soir de notre arrivée comme il était presque nuit et qu'on ne pouvait nous conduire à cette heure chez le gouverneur, les nègres nous prirent chez eux et nous comblèrent d'égards. Ils nous témoignèrent beaucoup d'amitié, si bien que toute la nuit ne fut qu'une sorte de fête. On chanta, on dansa, on but, malgré que le vin valut 5 francs la bouteille.

Le lendemain le gouverneur nous reçut avec courtoisie et nous demanda si nous étions des déportés politiques ou des forçats. Bien que nous lui eûmes affirmé que nous n'étions pas des forçats, il nous fit conduire en prison, puis il nous interrogea et après avoir examiné les papiers que nous possédions il donna ordre au concierge de nous laisser sortir tous les jours. Puis s'adressant à nous, il nous dit de rentrer tous les soirs dans notre chambre, qu'il allait écrire au gouverneur de Cayenne afin de s'assurer si nous étions des déportés politiques ou des forçats évadés. Il nous dit que si nous appartenions à cette dernière catégorie, il nous renverrait à Cayenne, dans le cas contraire il nous donna sa parole d'honneur que nous aurions liberté pleine et entière. Il tint en effet parole, au bout de quarante jours quand il vit que la réponse du gouverneur de Cayenne n'arrivait pas. il nous rendit la liberté. Le fameux La Richerie n'avait pas daigné lui répondre.

Pendant notre séjour à Paramaribo, nous fûmes atteints de la fièvre jaune, maladie très mauvaise. Par bonheur nous avions fait connaissance avec un compatriote évadé comme nous de Cayenne, le nommé Russe, un parisien. Il nous soigna comme des frères et à force de nous faire prendre de l'aloès et du rhum, nous sauva la vie. Denis Bruno ne voulut pas suivre ses indications et il paya de sa vie son entêtement.

Comme nous étions libres de rester ou de nous en aller, nous trouvâmmes une gëollette anglaise qui en payant nous transporta à Déméraré dans la Guyane anglaise. Après 24 heures de voyage nous arrivâmes dans cette ville où nous séjournâmes 8 jours. Notre voyage jusque-là nous avait coûté près de vingt francs à chacun et mon camarade Sévola et moi nous avions tout fourni ; il ne nous restait plus qu'une petite somme d'argent et pour surcroît de malheurs on nous la vola. Dans cette misère, nous nous rendîmes chez le gouverneur pour implorer son assistance. Il écouta nos plaintes et nous promit de nous faire embarquer aux frais de l'Etat anglais, sur le premier bâtiment faisant voile pour l'Angleterre.

Au bout de 8 jours il y en eut un, nous parlàmes au capitaine et il nous demanda 300 francs chacun, ce qui en tout nous faisait 900 francs. Nous lui dîmes que le gouvernement anglais en payerait une partie et nous autres le reste en arrivant à Londres, où nous nous en ferions envoyer de chez nous, car pour le moment nous n'avions pas un sou.

Nous nous embarquâmes donc sur le *Guide*, c'était le nom du vaisseau, et nous fîmes voile pour l'Angleterre ; le temps fut favorable, et après 58 jours de traversée nous étions rendus tous trois à Londres en bonne santé.

Nous fûmes très bien reçus par nos compatriotes français comme nous. C'était le 22 Décembre 1854 que nous rentrions en Europe sinon dans la patrie au moins près d'elle.

Au moment de notre débarquement un douanier anglais nous demanda d'où nous venions ; nous lui répondîmes : de Cayenne. Pourquoi nous dit-il étiez-vous à Cayenne ? Parce que nous sommes républicains lui avons-nous répondu. Alors le douanier se prit à rire et dit : La France, en effet, s'est avilie en nommant Empereur un nouveau Bonaparte, un homme infâme. Oh ! Français, mes chers compatriotes, entendez l'Europe entière vous demander compte de votre aveuglement! Qu'est devenue votre civilisation, votre bravoure, votre amour de la liberté ? Dans quel avilissement êtes-vous donc en ce jour ? Nommer un Corse, un Bonaparte, un parjure, un traître, un scélérat pour Empereur, c'est trop fort ! Vous avez donné l'exemple de la liberté ; vous l'avez montrée dans tout son éclat, superbe, grande et glorieuse et à présent comme des esclaves vous rampez aux pieds du despote, du tyran ! Malheur à vous, ô mes frères ; malheur à votre chère patrie ! Le monstre l'a déchirée pour y entrer, Dieu veuille qu'il ne la quitte pas anéantie, écrasée, consumée ! Je souhaite que mes prévisions ne se réalisent pas, oh Français ! oh mes frères ; mais l'avenir nous l'apprendra.

Puisque nous sommes à Londres, en nous reposant des fatigues de la traversée, je vais employer mes loisirs à vous faire une description de Cayenne. Vous verrez si les déportés politiques pouvaient oui ou non en revenir, si ce n'était pas plutôt un tombeau qu'une terre d'exil.

La Guyane française, dont Cayenne est le chef-lieu, est une grande terre habitée par des nègres et des créoles. Elle est peu fertile à cause de l'excessive chaleur tropicale qui sévit sur ce climat. Les plantes européennes ne peuvent que difficilement y croître : les jours sont égaux aux nuits ; la pluie y tombe pendant 5 mois de l'année, de décembre à mai, avec une abondance peu ordinaire ; pendant les 7 autres mois le soleil y est brûlant.

Les principales productions du pays sont : le maïs, la canne à sucre, le coton, le café, l'indigo, la canelle, l'oranger, le citronnier, etc., etc.

La Guyane est couverte de grandes forêts de palissandres, d'acajou, bois de fer, bois d'acier, bois de couleur, de grignon, grignon fou, etc.

Nous avons scié un acajou qui avait 12 mètres de circonférence et nous estimâmes sa valeur approximative sur les lieux à 20.000 francs, en France elle eut doublé.

Ces forêts sont peuplées d'animaux féroces très dangereux, tels que : tigres, hyènes, jaguars, crocodilles, serpents, etc. Ces derniers y atteignent des proportions étonnantes, il y en a qui sont aussi gros que le corps d'un homme et qui mesurent dix mètres de longueur.

Il y a beaucoup de singes, de perroquets, d'autres oiseaux semblables à des bécasses ; ces derniers, s'ils peuvent s'introduire dans les habitations et trouver quelqu'un endormi ils sucent tout le sang de la personne. Il y a une espèce de bœuf sauvage sans corne que l'on appelle mari pourri ; sa chair est bonne à manger. Lorsque nous étions dans cet affreux pays, on nous nourrissait à l'égal des forçats ou galériens, avec des fèves et des haricots pourris. On devait les avoir eu de reste lorsqu'on transporta les victimes de l'oncle de Badinguet et on les utilisait pour nous.

En exécutant des travaux à l'île de la Mère et à l'île Saint-Joseph nous trouvions des pierres servant de tombe à de malheureuses victimes mortes de souffrances, où l'on voyait ces mots gravés : MORT DE FAIM.

Les forçats sont très maltraités ; pour avoir joué aux cartes pour se distraire, ils sont fusillés.

Pour la plus petite faute, ils reçoivent 50 ou 100 coups de bâton. Et pour faire contraste avec cet affreux supplice, le gouverneur, l'infâme La Richerie, le faisait accompagner d'une exécution de musique.

On ne s'étonnera pas quand je dirai que sur 12.000 forçats transportés, 11.000 y étaient déjà morts et le reste n'en valait pas beaucoup plus.

Pendant notre séjour à Londres, nos compatriotes et amis politiques nous fournissaient à chacun 5 schellings jusqu'à ce qu'ils purent nous procurer du travail.

On nous occupa à faucher, à moissonner ; mais nos souffrances nous avaient rendus maladifs et nous avions de la peine à travailler pour pouvoir nous suffire.

Après quatre mois de séjour à Jersey, nous décidâmes d'aller en Espagne ; mais nos moyens pécuniaires ne nous permettaient pas de nous payer ce voyage. Cependant un nommé M. Larrieu, de Paris, venait d'arriver dans l'île pour voir un de ses amis proscrits, le citoyen Dulac, représentant du peuple. Ils parlèrent avec nous, et voyant notre grande misère, ils nous firent obtenir un passeport du consul espagnol et s'étant cotisés, ils nous payèrent notre voyage.

Nous nous embarquâmes sur un navire marchand anglais et nous fîmes voile pour l'Espagne, où nous arrivâmes 15 jours après, le 24 septembre 1855.

De la cotisation il nous restait 40 francs ; c'était bien peu pour deux hommes, mais fort heureux de n'être pas complètement démunis.

Ne trouvant pas du travail où nous avions débarqué, nous nous rendîmes à Valence où, après vingt journées de marches pénibles et après avoir dormi tous les soirs dehors, nous arrivâmes.

Dans cette ville nous trouvâmes de nos amis réfugiés et entre autres Chappuy, qui avait été notre compagnon d'infortune à Cayenne. Nous fûmes obligés d'implorer leur assistance, comme nous avions fait à Londres et à Jersey. On fit une collecte ; elle produisit 40 francs qu'on nous remit, il était temps, car les fonds étaient en baisse. Nous nous remîmes donc en route. nous dirigeant vers Barcelone où nous arrivâmes après une nuit et un jour de marche. Rous demandâmes en arrivant s'il n'y avait pas de réfugiés français dans cette ville. Dieu merci nous en trouvâmes un grand nombre.

Nous fîmes connaissance avec quelques-uns d'entre eux, entr'autres avec un ancien représentant du peuple, homme honnête et serviable qui nous secourut.

Nous fîmes aussi connaissance de plusieurs autres de nos concitoyens, et particulièrement d'un nommé Antoine Martin, de Bages (Aude), qui, avec ses paroles doucereuses, nous trompait aisément : mais nous l'eûmes vite connu pour un homme pervers et hypocrite.

Nous trouvâmes bientôt de l'ouvrage et nous nous mîmes à travailler avec ardeur.

Deux années se sont écoulées depuis que nous sommes à Barcelone et nous sommes assez heureux en travaillant.

Nous sommes à la porte de la patrie, et dès que le tyran l'aura quittée, nous reviendrons dans son sein, revoir notre famille et jouir du beau ciel de France qui est si doux et si salutaire.

Nous étions bien tranquilles, lorsqu'en 1858 on tira sur le sire Badinguet. Cela fut cause que par l'absence de papiers nous fûmes internés pendant trois ans à Saragosse, après quoi on nous rendit la liberté et nous revîmmes à Barcelone travailler pour notre subsistance.

ÉPILOGUE

Depuis les événements racontés, dans le précédent récit, il s'en est passé beaucoup d'autres.

L'empire est tombé, entraînant avec sa chute l'Alsace-et-Lorraine à la suite de la funeste guerre de 1870-1871.

L'homme du Deux Décembre a commencé par une série de crimes et il a fini de même sa carrière. Quelle honte pour la France.

Mon père, l'auteur des récits précédents, ce martyr de la liberté, est mort le 18 janvier 1871. Il repose au milieu de ses amis, sur la terre de Labastide-Rouairoux où il est rentré le 21 juin 1869.

Depuis dix-sept ans la République règne en France, libérale et juste, elle a indemnisé ces malheureuses victimes du brigand du Coup d'Etat. Malheureusement, la répartition est venue trop tard et beaucoup de ces pauvres victimes n'ont pu voir la récompense de leurs souffrances et la liberté enfin trôner sur leur patrie. Mais leurs enfants pensent à eux ; et ce livre est pour le rappeler à ceux qui l'oublieraient.

Oui, il faut que les Français sachent encore qu'au mois de Décembre 1851, un homme, un Bonaparte, qui régna plus tard empereur sous le nom de Napoléon III, il faut que toutes les générations sachent que ce brigand, cet infâme monstre a ensanglanté la patrie française du sang de nos pères, de nos oncles, de nos grands-pères, du sang des meilleurs citoyens.

Il faut que les jeunes français sachent enfin que des masses de martyrs sont morts dans la souffrance, dans l'esclavage, dans l'exil, sur la terre de la déportation pour avoir voulu défendre la liberté, la constitution étranglée par un traître, par un vaurien.

Il faut que tous les Français sachent enfin que c'est ce sang généreux répandu à flots par ces monstres de cruauté qui a fécondé notre République et qu'à l'exemple de leurs pères ils sachent un jour mourir pour elle si elle était menacée.

Il faut enfin que par leurs votes les électeurs français éloignent à jamais des assemblées les représentants de ces hommes ignobles, causes de tant de maux et que si enfin, les prétendants des régimes déchus sont bannis du sol français, il faut aussi que leurs courtisans soient rayés à jamais des assemblées publiques.

Si le récit de ces événements pouvait un peu contribuer au but que je me suis proposé en les publiant je croirais avoir mérité de la République et de la Liberté.

Labastide-Rouairoux, le 1er septembre 1887.

François BARTHÉS, fils